AR PTS: 0.5

D0762335

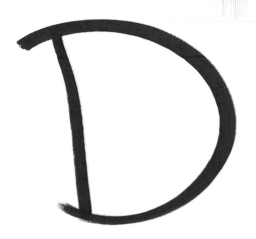

Animales suaves

Teddy Borth

Abdo
LA PIEL DE LOS ANIMALES
Kids

abdopublishing.com

Published by Abdo Kids, a division of ABDO, PO Box 398166, Minneapolis, Minnesota 55439.
Copyright © 2017 by Abdo Consulting Group, Inc. International copyrights reserved in all countries.
No part of this book may be reproduced in any form without written permission from the publisher.

Printed in the United States of America, North Mankato, Minnesota.

102016

012017

 **THIS BOOK CONTAINS RECYCLED MATERIALS**

Spanish Translator: Maria Puchol

Photo Credits: AP Images, iStock, Shutterstock

Production Contributors: Teddy Borth, Jennie Forsberg, Grace Hansen

Design Contributors: Christina Doffing, Candice Keimig, Dorothy Toth

Publisher's Cataloging-in-Publication Data

Names: Borth, Teddy, author.

Title: Animales suaves / by Teddy Borth.

Other titles: Soft & fluffy animals. Spanish

Description: Minneapolis, MN : Abdo Kids, 2017. | Series: La piel de los
     animales | Includes bibliographical references and index.

Identifiers: LCCN 2016947328 | ISBN 9781624026256 (lib. bdg.) |
     ISBN 9781624028496 (ebook)

Subjects: LCSH: Body covering (Anatomy)--Juvenile literature. | Skin--Juvenile
     literature. | Spanish language materials--Juvenile literature.

Classification: DDC 591.47--dc23

LC record available at http://lccn.loc.gov/2016947328

Contenido

Animales suaves

¡Los animales tienen piel!

Hay muchos tipos de piel.

5

Algunos tipos de piel son suaves. Los animales con **pelo** son suaves.

lince

¡Los animales esponjosos
tienen mucho **pelo**!

buey almizclero

9

Las chinchillas tienen **pelo**.

Son muy suaves.

chinchilla

Algunos conejos tienen **pelo** largo. Si se lo cortamos no les pasa nada.

conejo de Angora

El **pelo** de la alpaca es suave. Les crece mucho. Se parece a la **lana**.

alpaca

Los perros Chow Chow son esponjosos. Dan ganas de abrazarlos. ¡Pero ten cuidado, pueden ser malos!

Chow Chow

Es bueno tener **pelo** en el invierno. Así se mantiene caliente el zorro ártico.

zorro ártico

Los castores son suaves. El **pelo** los mantiene calientes dentro del agua.

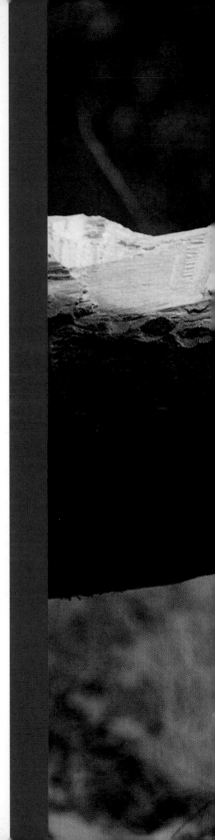

castor

Otros animales suaves

gallina sedosa

vaca de las tierras altas

gato de Pallas

visón

Glosario

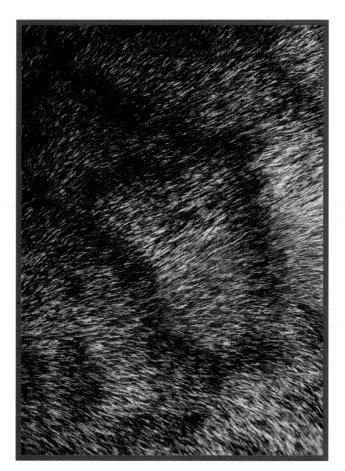

lana
pelo suave y grueso de algunos animales como las ovejas.

pelo
pelaje corto y fino de algunos animales.

Índice

abdokids.com

¡Usa este código para entrar en abdokids.com y tener acceso a juegos, arte, videos y mucho más!

Código Abdo Kids:
ASK4966